For all of you who work or play
on the Web,
this book is for you! 😊

Over 80 pages for

Website Info - Bank Info - Phone Numbers and Notes

I've had the same little notebook for many years. I can't be without it. It's getting old and ratty looking now, so I thought it was time to make a new one. I've learned over the years, that our lives are surrounded by the web. We play, we work, we pay our bills and shop... all online. It's so convenient. But when you lose a password, or forget which e-mail you used when you signed up on that website, it can be very frustrating.

How many times have you clicked (forgot password) and then couldn't remember which e-mail address you used? Then you have to go to your e-mail and reset your password?

So here in this little book, you'll be able to keep track of websites, e-mails, passwords ect... Maybe you want to keep all shopping sites together, or all sites related to work. Whatever you use this for, have fun, keep it safe,
and write in pencil ☺

Laura Stubbs
Maine
Made in the USA - 2013

Website: _____

E-mail used: _____

Log In: _____

Password: _____

Security Question: _____

Security Answer: _____

Date Opened: _____

Company ph. #: _____

Notes: _____

_____

_____

Website: _____

E-mail used: _____

Log In: _____

Password: _____

Security Question: _____

Security Answer: _____

Date Opened: _____

Company ph. #: _____

Notes: _____

_____

_____

Website: _____

E-mail used: _____

Log In: _____

Password: _____

Security Question: _____

Security Answer: _____

Date Opened: _____

Company ph. #: _____

Notes: _____

_____

_____

Website: _____

E-mail used: _____

Log In: _____

Password: _____

Security Question: _____

Security Answer: _____

Date Opened: _____

Company ph. #: _____

Notes: _____

_____

_____

Website: _____

E-mail used: _____

Log In: _____

Password: _____

Security Question: _____

Security Answer: _____

Date Opened: _____

Company ph. #: _____

Notes: _____

_____

_____

Website: _____

E-mail used: _____

Log In: _____

Password: _____

Security Question: _____

Security Answer: _____

Date Opened: _____

Company ph. #: _____

Notes: _____

_____

_____

Website: _____

E-mail used: _____

Log In: _____

Password: _____

Security Question: _____

Security Answer: _____

Date Opened: _____

Company ph. #: _____

Notes: _____

_____

_____

Website: _____

E-mail used: _____

Log In: _____

Password: _____

Security Question: _____

Security Answer: _____

Date Opened: _____

Company ph. #: _____

Notes: _____

_____

_____

Website: _____

E-mail used: _____

Log In: _____

Password: _____

Security Question: _____

Security Answer: _____

Date Opened: _____

Company ph. #: _____

Notes: _____

_____

_____

Website: _____

E-mail used: _____

Log In: _____

Password: _____

Security Question: _____

Security Answer: _____

Date Opened: _____

Company ph. #: _____

Notes: _____

_____

_____

Website: _____

E-mail used: _____

Log In: _____

Password: _____

Security Question: _____

Security Answer: _____

Date Opened: _____

Company ph. #: _____

Notes: _____

_____

_____

Website: _____

E-mail used: _____

Log In: _____

Password: _____

Security Question: _____

Security Answer: _____

Date Opened: _____

Company ph. #: _____

Notes: _____

_____

_____

Website: _____

E-mail used: _____

Log In: _____

Password: _____

Security Question: _____

Security Answer: _____

Date Opened: _____

Company ph. #: _____

Notes: _____

_____

_____

Website: _____

E-mail used: _____

Log In: _____

Password: _____

Security Question: _____

Security Answer: _____

Date Opened: _____

Company ph. #: _____

Notes: _____

_____

_____

Website: _____

E-mail used: _____

Log In: _____

Password: _____

Security Question: _____

Security Answer: _____

Date Opened: _____

Company ph. #: _____

Notes: _____

_____

_____

Website: _____

E-mail used: _____

Log In: _____

Password: _____

Security Question: _____

Security Answer: _____

Date Opened: _____

Company ph. #: _____

Notes: _____

_____

_____

Website: _____

E-mail used: _____

Log In: _____

Password: _____

Security Question: _____

Security Answer: _____

Date Opened: _____

Company ph. #: _____

Notes: _____

_____

_____

Website: _____

E-mail used: _____

Log In: _____

Password: _____

Security Question: _____

Security Answer: _____

Date Opened: _____

Company ph. #: _____

Notes: _____

_____

_____

Website: _____

E-mail used: _____

Log In: _____

Password: _____

Security Question: _____

Security Answer: _____

Date Opened: _____

Company ph. #: _____

Notes: _____

_____

_____

Website: _____

E-mail used: _____

Log In: _____

Password: _____

Security Question: _____

Security Answer: _____

Date Opened: _____

Company ph. #: _____

Notes: _____

_____

_____

Website: _____

E-mail used: _____

Log In: _____

Password: _____

Security Question: _____

Security Answer: _____

Date Opened: _____

Company ph. #: _____

Notes: _____

_____

_____

Website: _____

E-mail used: _____

Log In: _____

Password: _____

Security Question: _____

Security Answer: _____

Date Opened: _____

Company ph. #: _____

Notes: _____

_____

_____

Website: _____

E-mail used: _____

Log In: _____

Password: _____

Security Question: _____

Security Answer: _____

Date Opened: _____

Company ph. #: _____

Notes: _____

_____

_____

Website: _____

E-mail used: _____

Log In: _____

Password: _____

Security Question: _____

Security Answer: _____

Date Opened: _____

Company ph. #: _____

Notes: _____

_____

_____

Website: _____

E-mail used: _____

Log In: _____

Password: _____

Security Question: _____

Security Answer: _____

Date Opened: _____

Company ph. #: _____

Notes: _____

_____

_____

Website: _____

E-mail used: _____

Log In: _____

Password: _____

Security Question: _____

Security Answer: _____

Date Opened: _____

Company ph. #: _____

Notes: _____

_____

_____

Website: _____

E-mail used: _____

Log In: _____

Password: _____

Security Question: _____

Security Answer: _____

Date Opened: _____

Company ph. #: _____

Notes: _____

_____

_____

Website: _____

E-mail used: _____

Log In: _____

Password: _____

Security Question: _____

Security Answer: _____

Date Opened: _____

Company ph. #: _____

Notes: _____

_____

_____

Website: _____

E-mail used: _____

Log In: _____

Password: _____

Security Question: _____

Security Answer: _____

Date Opened: _____

Company ph. #: _____

Notes: _____

_____

_____

Website: _____

E-mail used: _____

Log In: _____

Password: _____

Security Question: _____

Security Answer: _____

Date Opened: _____

Company ph. #: _____

Notes: _____

_____

_____

Website: _____

E-mail used: _____

Log In: _____

Password: _____

Security Question: _____

Security Answer: _____

Date Opened: _____

Company ph. #: _____

Notes: _____

_____

_____

Website: _____

E-mail used: _____

Log In: _____

Password: _____

Security Question: _____

Security Answer: _____

Date Opened: _____

Company ph. #: _____

Notes: _____

_____

_____

Website: _____

E-mail used: _____

Log In: _____

Password: _____

Security Question: _____

Security Answer: _____

Date Opened: _____

Company ph. #: _____

Notes: _____

_____

_____

Website: _____

E-mail used: _____

Log In: _____

Password: _____

Security Question: _____

Security Answer: _____

Date Opened: _____

Company ph. #: _____

Notes: _____

_____

_____

Website: _____

E-mail used: _____

Log In: _____

Password: _____

Security Question: _____

Security Answer: _____

Date Opened: _____

Company ph. #: _____

Notes: _____

_____

_____

_____

Website: _____

E-mail used: _____

Log In: _____

Password: _____

Security Question: _____

Security Answer: _____

Date Opened: _____

Company ph. #: _____

Notes: _____

_____

_____

Website: _____

E-mail used: _____

Log In: _____

Password: _____

Security Question: _____

Security Answer: _____

Date Opened: _____

Company ph. #: _____

Notes: _____

_____

_____

Website: _____

E-mail used: _____

Log In: _____

Password: _____

Security Question: _____

Security Answer: _____

Date Opened: _____

Company ph. #: _____

Notes: _____

_____

_____

Website: _____

E-mail used: _____

Log In: _____

Password: _____

Security Question: _____

Security Answer: _____

Date Opened: _____

Company ph. #: _____

Notes: _____

_____

_____

Website: _____

E-mail used: _____

Log In: _____

Password: _____

Security Question: _____

Security Answer: _____

Date Opened: _____

Company ph. #: _____

Notes: _____

_____

_____

Website: _____

E-mail used: _____

Log In: _____

Password: _____

Security Question: _____

Security Answer: _____

Date Opened: _____

Company ph. #: _____

Notes: _____

_____

_____

Website: _____

E-mail used: _____

Log In: _____

Password: _____

Security Question: _____

Security Answer: _____

Date Opened: _____

Company ph. #: _____

Notes: _____

_____

_____

Website: _____

E-mail used: _____

Log In: _____

Password: _____

Security Question: _____

Security Answer: _____

Date Opened: _____

Company ph. #: _____

Notes: _____

_____

_____

Website: _____

E-mail used: _____

Log In: _____

Password: _____

Security Question: _____

Security Answer: _____

Date Opened: _____

Company ph. #: _____

Notes: _____

_____

_____

Website: _____

E-mail used: _____

Log In: _____

Password: _____

Security Question: _____

Security Answer: _____

Date Opened: _____

Company ph. #: _____

Notes: _____

_____

_____

Website: _____

E-mail used: _____

Log In: _____

Password: _____

Security Question: _____

Security Answer: _____

Date Opened: _____

Company ph. #: _____

Notes: _____

_____

_____

Website: _____

E-mail used: _____

Log In: _____

Password: _____

Security Question: _____

Security Answer: _____

Date Opened: _____

Company ph. #: _____

Notes: _____

_____

_____

Website: _____

E-mail used: _____

Log In: _____

Password: _____

Security Question: _____

Security Answer: _____

Date Opened: _____

Company ph. #: _____

Notes: _____

_____

_____

Website: _____

E-mail used: _____

Log In: _____

Password: _____

Security Question: _____

Security Answer: _____

Date Opened: _____

Company ph. #: _____

Notes: _____

_____

_____

Website: _____

E-mail used: _____

Log In: _____

Password: _____

Security Question: _____

Security Answer: _____

Date Opened: _____

Company ph. #: _____

Notes: _____

_____

_____

Website: _____

E-mail used: _____

Log In: _____

Password: _____

Security Question: _____

Security Answer: _____

Date Opened: _____

Company ph. #: _____

Notes: _____

_____

_____

Website: _____

E-mail used: _____

Log In: _____

Password: _____

Security Question: _____

Security Answer: _____

Date Opened: _____

Company ph. #: _____

Notes: _____

_____

_____

Website: _____

E-mail used: _____

Log In: _____

Password: _____

Security Question: _____

Security Answer: _____

Date Opened: _____

Company ph. #: _____

Notes: _____

_____

_____

Website: _____

E-mail used: _____

Log In: _____

Password: _____

Security Question: _____

Security Answer: _____

Date Opened: _____

Company ph. #: _____

Notes: _____

_____

_____

Website: _____

E-mail used: _____

Log In: _____

Password: _____

Security Question: _____

Security Answer: _____

Date Opened: _____

Company ph. #: _____

Notes: _____

_____

_____

Website: _____

E-mail used: _____

Log In: _____

Password: _____

Security Question: _____

Security Answer: _____

Date Opened: _____

Company ph. #: _____

Notes: _____

_____

_____

Website: _____

E-mail used: _____

Log In: _____

Password: _____

Security Question: _____

Security Answer: _____

Date Opened: _____

Company ph. #: _____

Notes: _____

_____

_____

Website: _____

E-mail used: _____

Log In: _____

Password: _____

Security Question: _____

Security Answer: _____

Date Opened: _____

Company ph. #: _____

Notes: _____

_____

_____

Website: _____

E-mail used: _____

Log In: _____

Password: _____

Security Question: _____

Security Answer: _____

Date Opened: _____

Company ph. #: _____

Notes: _____

_____

_____

Website: _____

E-mail used: _____

Log In: _____

Password: _____

Security Question: _____

Security Answer: _____

Date Opened: _____

Company ph. #: _____

Notes: _____

_____

_____

Website: _____

E-mail used: _____

Log In: _____

Password: _____

Security Question: _____

Security Answer: _____

Date Opened: _____

Company ph. #: _____

Notes: _____

_____

_____

Website: _____

E-mail used: _____

Log In: _____

Password: _____

Security Question: _____

Security Answer: _____

Date Opened: _____

Company ph. #: _____

Notes: _____

_____

_____

Website: _____

E-mail used: _____

Log In: _____

Password: _____

Security Question: _____

Security Answer: _____

Date Opened: _____

Company ph. #: _____

Notes: _____

_____

_____

Website: _____

E-mail used: _____

Log In: _____

Password: _____

Security Question: _____

Security Answer: _____

Date Opened: _____

Company ph. #: _____

Notes: _____

_____

_____

Website: _____

E-mail used: _____

Log In: _____

Password: _____

Security Question: _____

Security Answer: _____

Date Opened: _____

Company ph. #: _____

Notes: _____

_____

_____

Website: _____

E-mail used: _____

Log In: _____

Password: _____

Security Question: _____

Security Answer: _____

Date Opened: _____

Company ph. #: _____

Notes: _____

_____

_____

Website: _____

E-mail used: _____

Log In: _____

Password: _____

Security Question: _____

Security Answer: _____

Date Opened: _____

Company ph. #: _____

Notes: _____

_____

_____

Website: _____

E-mail used: _____

Log In: _____

Password: _____

Security Question: _____

Security Answer: _____

Date Opened: _____

Company ph. #: _____

Notes: _____

_____

_____

Website: _____

E-mail used: _____

Log In: _____

Password: _____

Security Question: _____

Security Answer: _____

Date Opened: _____

Company ph. #: _____

Notes: _____

_____

_____

Website: _____

E-mail used: _____

Log In: _____

Password: _____

Security Question: _____

Security Answer: _____

Date Opened: _____

Company ph. #: _____

Notes: _____

_____

_____

Website: _____

E-mail used: _____

Log In: _____

Password: _____

Security Question: _____

Security Answer: _____

Date Opened: _____

Company ph. #: _____

Notes: _____

_____

_____

Website: _____

E-mail used: _____

Log In: _____

Password: _____

Security Question: _____

Security Answer: _____

Date Opened: _____

Company ph. #: _____

Notes: _____

_____

_____

Website: _____

E-mail used: _____

Log In: _____

Password: _____

Security Question: _____

Security Answer: _____

Date Opened: _____

Company ph. #: _____

Notes: _____

_____

_____

Website: _____

E-mail used: _____

Log In: _____

Password: _____

Security Question: _____

Security Answer: _____

Date Opened: _____

Company ph. #: _____

Notes: _____

_____

_____

Website: _____

E-mail used: _____

Log In: _____

Password: _____

Security Question: _____

Security Answer: _____

Date Opened: _____

Company ph. #: _____

Notes: _____

_____

_____

Website: _____

E-mail used: _____

Log In: _____

Password: _____

Security Question: _____

Security Answer: _____

Date Opened: _____

Company ph. #: _____

Notes: _____

_____

_____

Website: _____

E-mail used: _____

Log In: _____

Password: _____

Security Question: _____

Security Answer: _____

Date Opened: _____

Company ph. #: _____

Notes: _____

_____

_____

Website: _____

E-mail used: _____

Log In: _____

Password: _____

Security Question: _____

Security Answer: _____

Date Opened: _____

Company ph. #: _____

Notes: _____

_____

_____

Website: _____

E-mail used: _____

Log In: _____

Password: _____

Security Question: _____

Security Answer: _____

Date Opened: _____

Company ph. #: _____

Notes: _____

_____

_____

Website: _____

E-mail used: _____

Log In: _____

Password: _____

Security Question: _____

Security Answer: _____

Date Opened: _____

Company ph. #: _____

Notes: _____

_____

_____

Website: _____

E-mail used: _____

Log In: _____

Password: _____

Security Question: _____

Security Answer: _____

Date Opened: _____

Company ph. #: _____

Notes: _____

_____

_____

Website: _____

E-mail used: _____

Log In: _____

Password: _____

Security Question: _____

Security Answer: _____

Date Opened: _____

Company ph. #: _____

Notes: _____

_____

_____

Website: _____

E-mail used: _____

Log In: _____

Password: _____

Security Question: _____

Security Answer: _____

Date Opened: _____

Company ph. #: _____

Notes: _____

_____

_____

Website: _____

E-mail used: _____

Log In: _____

Password: _____

Security Question: _____

Security Answer: _____

Date Opened: _____

Company ph. #: _____

Notes: _____

_____

_____

Website: _____

E-mail used: _____

Log In: _____

Password: _____

Security Question: _____

Security Answer: _____

Date Opened: _____

Company ph. #: _____

Notes: _____

_____

_____

Website: _____

E-mail used: _____

Log In: _____

Password: _____

Security Question: _____

Security Answer: _____

Date Opened: _____

Company ph. #: _____

Notes: _____

_____

_____

Website: _____

E-mail used: _____

Log In: _____

Password: _____

Security Question: _____

Security Answer: _____

Date Opened: _____

Company ph. #: _____

Notes: _____

_____

_____

Website: _____

E-mail used: _____

Log In: _____

Password: _____

Security Question: _____

Security Answer: _____

Date Opened: _____

Company ph. #: _____

Notes: _____

_____

_____

Website: _____

E-mail used: _____

Log In: _____

Password: _____

Security Question: _____

Security Answer: _____

Date Opened: _____

Company ph. #: _____

Notes: _____

_____

_____

Website: _____

E-mail used: _____

Log In: _____

Password: _____

Security Question: _____

Security Answer: _____

Date Opened: _____

Company ph. #: _____

Notes: _____

_____

_____

Website: _____

E-mail used: _____

Log In: _____

Password: _____

Security Question: _____

Security Answer: _____

Date Opened: _____

Company ph. #: _____

Notes: _____

_____

_____

Website: _____

E-mail used: _____

Log In: _____

Password: _____

Security Question: _____

Security Answer: _____

Date Opened: _____

Company ph. #: _____

Notes: _____

_____

_____

Website: _____

E-mail used: _____

Log In: _____

Password: _____

Security Question: _____

Security Answer: _____

Date Opened: _____

Company ph. #: _____

Notes: _____

_____

_____

Website: _____

E-mail used: _____

Log In: _____

Password: _____

Security Question: _____

Security Answer: _____

Date Opened: _____

Company ph. #: _____

Notes: _____

_____

_____

Website: _____

E-mail used: _____

Log In: _____

Password: _____

Security Question: _____

Security Answer: _____

Date Opened: _____

Company ph. #: _____

Notes: _____

_____

_____

Website: _____

E-mail used: _____

Log In: _____

Password: _____

Security Question: _____

Security Answer: _____

Date Opened: _____

Company ph. #: _____

Notes: _____

_____

_____

Website: _____

E-mail used: _____

Log In: _____

Password: _____

Security Question: _____

Security Answer: _____

Date Opened: _____

Company ph. #: _____

Notes: _____

_____

_____

Website: _____

E-mail used: _____

Log In: _____

Password: _____

Security Question: _____

Security Answer: _____

Date Opened: _____

Company ph. #: _____

Notes: _____

_____

_____

Website: _____

E-mail used: _____

Log In: _____

Password: _____

Security Question: _____

Security Answer: _____

Date Opened: _____

Company ph. #: _____

Notes: _____

_____

_____

Website: _____

E-mail used: _____

Log In: _____

Password: _____

Security Question: _____

Security Answer: _____

Date Opened: _____

Company ph. #: _____

Notes: _____

_____

_____

Website: _____

E-mail used: _____

Log In: _____

Password: _____

Security Question: _____

Security Answer: _____

Date Opened: _____

Company ph. #: _____

Notes: _____

_____

_____

Website: _____

E-mail used: _____

Log In: _____

Password: _____

Security Question: _____

Security Answer: _____

Date Opened: _____

Company ph. #: _____

Notes: _____

_____

_____

Website: _____

E-mail used: _____

Log In: _____

Password: _____

Security Question: _____

Security Answer: _____

Date Opened: _____

Company ph. #: _____

Notes: _____

_____

_____

Website: _____

E-mail used: _____

Log In: _____

Password: _____

Security Question: _____

Security Answer: _____

Date Opened: _____

Company ph. #: _____

Notes: _____

_____

_____

Website: _____

E-mail used: _____

Log In: _____

Password: _____

Security Question: _____

Security Answer: _____

Date Opened: _____

Company ph. #: _____

Notes: _____

_____

_____

Website: _____

E-mail used: _____

Log In: _____

Password: _____

Security Question: _____

Security Answer: _____

Date Opened: _____

Company ph. #: _____

Notes: _____

_____

_____

Website: _____

E-mail used: _____

Log In: _____

Password: _____

Security Question: _____

Security Answer: _____

Date Opened: _____

Company ph. #: _____

Notes: _____

_____

_____

Website: _____

E-mail used: _____

Log In: _____

Password: _____

Security Question: _____

Security Answer: _____

Date Opened: _____

Company ph. #: _____

Notes: _____

_____

_____

Website: _____

E-mail used: _____

Log In: _____

Password: _____

Security Question: _____

Security Answer: _____

Date Opened: _____

Company ph. #: _____

Notes: _____

_____

_____

Website: _____

E-mail used: _____

Log In: _____

Password: _____

Security Question: _____

Security Answer: _____

Date Opened: _____

Company ph. #: _____

Notes: _____

_____

_____

Website: _____

E-mail used: _____

Log In: _____

Password: _____

Security Question: _____

Security Answer: _____

Date Opened: _____

Company ph. #: _____

Notes: _____

_____

_____

Website: _____

E-mail used: _____

Log In: _____

Password: _____

Security Question: _____

Security Answer: _____

Date Opened: _____

Company ph. #: _____

Notes: _____

_____

_____

Website: _____

E-mail used: _____

Log In: _____

Password: _____

Security Question: _____

Security Answer: _____

Date Opened: _____

Company ph. #: _____

Notes: _____

_____

_____

Website: _____

E-mail used: _____

Log In: _____

Password: _____

Security Question: _____

Security Answer: _____

Date Opened: _____

Company ph. #: _____

Notes: _____

_____

_____

Website: _____

E-mail used: _____

Log In: _____

Password: _____

Security Question: _____

Security Answer: _____

Date Opened: _____

Company ph. #: _____

Notes: _____

_____

_____

Website: _____

E-mail used: _____

Log In: _____

Password: _____

Security Question: _____

Security Answer: _____

Date Opened: _____

Company ph. #: _____

Notes: _____

_____

_____

Website: _____

E-mail used: _____

Log In: _____

Password: _____

Security Question: _____

Security Answer: _____

Date Opened: _____

Company ph. #: _____

Notes: _____

_____

_____

Website: _____

E-mail used: _____

Log In: _____

Password: _____

Security Question: _____

Security Answer: _____

Date Opened: _____

Company ph. #: _____

Notes: _____

_____

_____

Website: _____

E-mail used: _____

Log In: _____

Password: _____

Security Question: _____

Security Answer: _____

Date Opened: _____

Company ph. #: _____

Notes: _____

_____

_____

Website: _____

E-mail used: _____

Log In: _____

Password: _____

Security Question: _____

Security Answer: _____

Date Opened: _____

Company ph. #: _____

Notes: _____

_____

_____

Website: _____

E-mail used: _____

Log In: _____

Password: _____

Security Question: _____

Security Answer: _____

Date Opened: _____

Company ph. #: _____

Notes: _____

_____

_____

Website: _____

E-mail used: _____

Log In: _____

Password: _____

Security Question: _____

Security Answer: _____

Date Opened: _____

Company ph. #: _____

Notes: _____

_____

_____

Website: _____

E-mail used: _____

Log In: _____

Password: _____

Security Question: _____

Security Answer: _____

Date Opened: _____

Company ph. #: _____

Notes: _____

_____

_____

Website: _____

E-mail used: _____

Log In: _____

Password: _____

Security Question: _____

Security Answer: _____

Date Opened: _____

Company ph. #: _____

Notes: _____

_____

_____

Website: _____

E-mail used: _____

Log In: _____

Password: _____

Security Question: _____

Security Answer: _____

Date Opened: _____

Company ph. #: _____

Notes: _____

_____

_____

Website: _____

E-mail used: _____

Log In: _____

Password: _____

Security Question: _____

Security Answer: _____

Date Opened: _____

Company ph. #: _____

Notes: _____

_____

_____

Website: _____

E-mail used: _____

Log In: _____

Password: _____

Security Question: _____

Security Answer: _____

Date Opened: _____

Company ph. #: _____

Notes: _____

_____

_____

Website: _____

E-mail used: _____

Log In: _____

Password: _____

Security Question: _____

Security Answer: _____

Date Opened: _____

Company ph. #: _____

Notes: _____

_____

_____

Website: _____

E-mail used: _____

Log In: _____

Password: _____

Security Question: _____

Security Answer: _____

Date Opened: _____

Company ph. #: _____

Notes: _____

_____

_____

Website: _____

E-mail used: _____

Log In: _____

Password: _____

Security Question: _____

Security Answer: _____

Date Opened: _____

Company ph. #: _____

Notes: _____

_____

_____

Website: _____

E-mail used: _____

Log In: _____

Password: _____

Security Question: _____

Security Answer: _____

Date Opened: _____

Company ph. #: _____

Notes: _____

_____

_____

Website: _____

E-mail used: _____

Log In: _____

Password: _____

Security Question: _____

Security Answer: _____

Date Opened: _____

Company ph. #: _____

Notes: _____

_____

_____

Website: _____

E-mail used: _____

Log In: _____

Password: _____

Security Question: _____

Security Answer: _____

Date Opened: _____

Company ph. #: _____

Notes: _____

_____

_____

Website: _____

E-mail used: _____

Log In: _____

Password: _____

Security Question: _____

Security Answer: _____

Date Opened: _____

Company ph. #: _____

Notes: _____

_____

_____

Website: _____

E-mail used: _____

Log In: _____

Password: _____

Security Question: _____

Security Answer: _____

Date Opened: _____

Company ph. #: _____

Notes: _____

_____

_____

Website: _____

E-mail used: _____

Log In: _____

Password: _____

Security Question: _____

Security Answer: _____

Date Opened: _____

Company ph. #: _____

Notes: _____

_____

_____

BANK INFO

Bank: _____

Routing #: _____

Account #: _____

Bank Internal #: _____

E-mail used: _____

Log In : _____

Password: _____

Security Question: _____

Security Answer: _____

Phone number: _____

Address: _____

_____

_____

_____

_____

BANK INFO

Bank: _____

Routing #: _____

Account #: _____

Bank Internal #: _____

E-mail used: _____

Log In : _____

Password: _____

Security Question: _____

Security Answer: _____

Phone number: _____

Address: _____

_____

_____

_____

_____

BANK INFO

Bank: _____

Routing #: _____

Account #: _____

Bank Internal #: _____

E-mail used: _____

Log In : _____

Password: _____

Security Question: _____

Security Answer: _____

Phone number: _____

Address: _____

_____

_____

_____

_____

BANK INFO

Bank: _____

Routing #: _____

Account #: _____

Bank Internal #: _____

E-mail used: _____

Log In : _____

Password: _____

Security Question: _____

Security Answer: _____

Phone number: _____

Address: _____

_____

_____

_____

_____

BANK INFO

Bank: _____

Routing #: _____

Account #: _____

Bank Internal #: _____

E-mail used: _____

Log In : _____

Password: _____

Security Question: _____

Security Answer: _____

Phone number: _____

Address: _____

_____

_____

_____

_____

PHONE NUMBERS

PHONE NUMBERS